AF454191

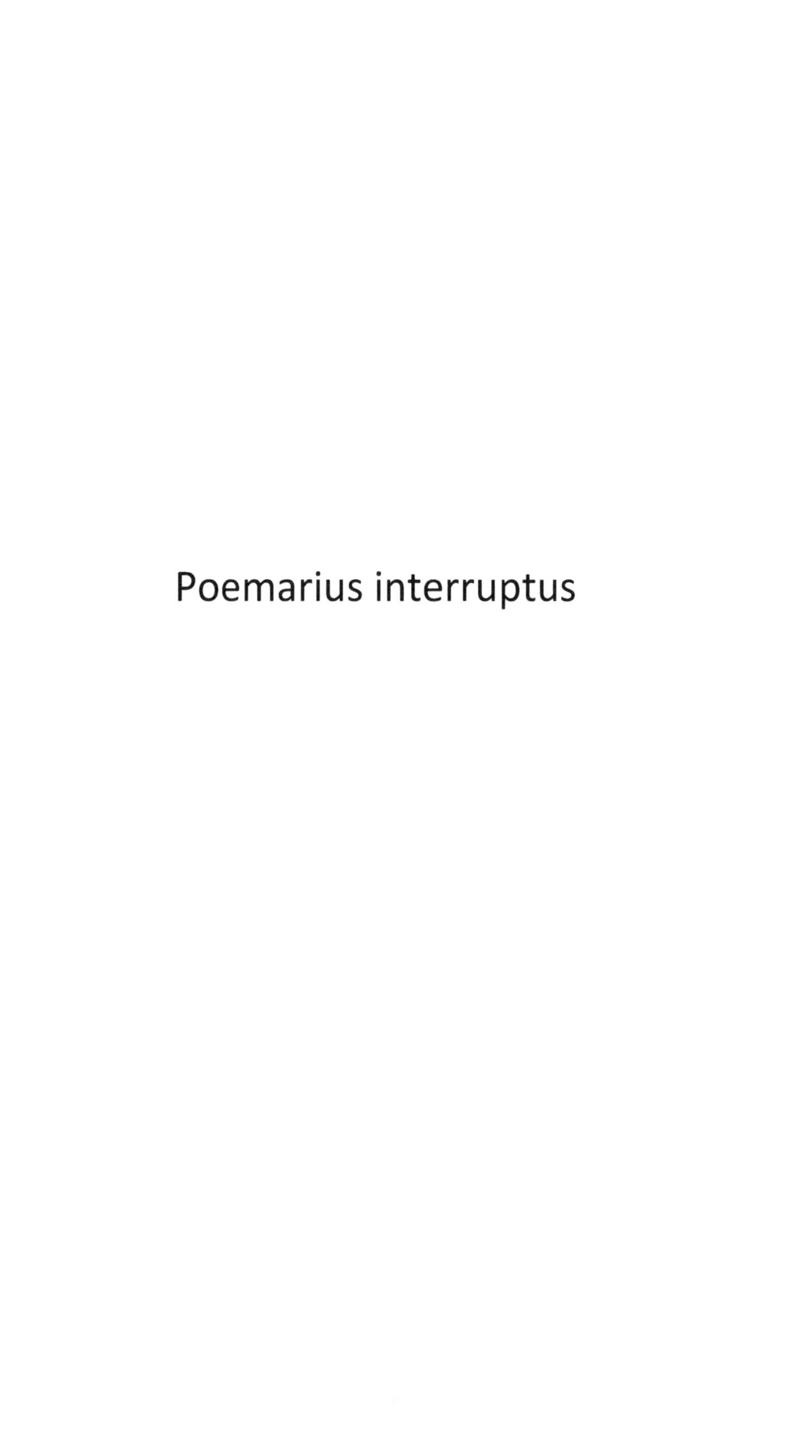

# Poemarius interruptus

Victor Hugo Hayden Godoy

# Poemarius Interruptus

EDICIONES STULTIFERA NAVIS

CHILE

PRIMERA EDICIÓN: MARZO, 2021



IBSN 978-956-402-860-6

Ilustraciones: Víctor Hugo Hayden Godoy, 2020

Inscripción Derechos Intelectuales: 2021-A-1939

*...Para Ti, y para Ti, y para Tí*

*"ya sea que andemos haciendo el amor,*
*recibiendo el gordo de la lotería,*
*o recibiendo una dosis de morfina o heroína,*
*el placer más grande de todos*
*es sin duda respirar."*
**Claudio Bertoni**


*"Con las piernas largas y bonitas de una mujer*
*siempre te imaginas*
*que tiene que haber algo más allá,*
*aparte de su coño.*
*Otra cosa aún más maravillosa y mágica"*
**Charles Bukowski**

# PRÓLOGO

Al dar vuelta la página, como un déjà vu emerge la imagen de trazos repasados a grafito y tinta dando forma al cuerpo de una mujer. Aparece y desaparece entre las hojas del libro. Los dibujos se detienen en el detalle curvo de los cuerpos desnudos y como fuego cruzado, mientras se lee *"la recurrencia insolente de tu rostro"* la imaginación recorre las letras y los dibujos que se involucran con total libertad proporcionando su propio ritmo.

*Poemarius interruptus* insinúa la anticoncepción, aquello que se frena suspendido en un respiro cuando el lápiz cae de pronto sobre la mesa, deteniendo la pulsión escritural y creativa, esta vez, por mas de diez años. Sin embargo, sobreseída la letra, en algún momento exige volver a la acción. Los poemas interrumpidos desde el año 2004 y retomados el año 2016 por Víctor Hayden se entraman en esta recopilación poética. La reserva de escritos, de dibujos hibernantes y de ideas plasmadas por el autor desde su archivo de mundo, renacen en el libro con la intención de apreciar la acción creadora, nutriendo el temperamento soñador que atesora todo aquel que se enfrenta a la poesía.

No existe epicentro en la obra. Todo responde a un flujo escrito en distintos tiempos y situaciones de la vida del escritor, quien nos va obsequiando lugares, personajes y contextos. Se imprime humor, se esbozan los temores propios del paso del tiempo, el enamoramiento platónico y no tanto, la conciencia de lo humano y la interpelación a la propia existencia desde el puño y letra de quien reconoce la decrepitud y la belleza al unísono.

En esta mixtura literaria-visual se deja entre ver la humanidad del filósofo y poeta, lector de Bertoni, Sabines, Dylan Thomas, Nietzsche y Cioran, se cuelan las grandes preguntas universales profundizadas durante siglos y vueltas a poner en cuestión en nuestros días. La potencia de recopilar la poesía escrita desde mas de diez años hasta hoy, propaga la certeza que la práctica de la libertad circula en el ejercicio de suscitar las ilusiones necesarias en la vida, en donde la muerte, el pasillo de la vida, la observación continua del gesto, la mirada, la mueca, el paso del tiempo se zurce entre olores y delirios.

Agrada la alusión a Pizarnik, agrada imaginar a la poeta siendo poesía en otro. Agrada el reconocimiento del detalle y de la belleza y de la fealdad en un mundo visual pero analfabeto de la sutileza. El libro empuja  hacia allá, la estética como puente y fin del suspiro reponedor cuando se lee.

Dejarse llevar por la lectura de los poemas advierte la presencia de aquello que nos sostiene o no en el universo, que nos retrae y expande al mismo tiempo. La invitación justamente radica ahí, permitirnos cabalgar sobre las letras y las imágenes en estos tiempos de rescate del lápiz dibujante y escritor para volver a esbozar la poesía reconquistada y generosa nutriente de la mirada humana.

Agradecer a su autor la intención y realización del libro *Poemarius Interruptus* por compartir sus escritos y trazos volcados con honestidad en el tránsito de la vida que como huella en la arena se difumina permaneciendo no obstante, en la experiencia caminante de aquel que mojó sus pies redimiendo el cansancio y la fatiga de estos tiempos.

Claras oscuridades nos invitan a la lectura, la tensión dialéctica que ocurre en cada poema tiñe y da luces de los colores que Víctor Hayden se hace cargo desde una mirada existencial: *amor y muerte ¿qué más se puede pedir a los dioses?*

Ivonne Valdés Bascuñán

Santiago. Diciembre, 2020

**Interruptus Interruptus**

Permanecer ansioso,

en el borde,

contemplando el cercano infinito.

Conteniendo la caída,

respirando lento

en un latido.


Mirar atrás,

hacia el oscuro mar de la conciencia.

Informarse de la prontitud

del destierro.

Saltar en la mirada de esos ojos

dulces que se cierran.

Caer en la profunda

abismidad de tu presencia.

Despertar de un sueño convincente.

Caminar por atajos peligrosos.

Anunciarse sin tiempo y sin vergüenza

ante el ominoso fin de todo pensamiento.

No ir más allá del propio sentido.

Hundirse en la angustia que devela el desapego.

Transformarse en el ímpetu de lo que cae,

de lo que muere,

de lo que no tiene ruido,

y sin embargo retumba.

Vivir de la profunda alteración del Ser

y no ver más que superficies,

pequeñas cumbres.

Altos y escarpados montículos

de palabras y cosas.


Grietas absurdas

en el tiempo.

El bochorno

de una caída hacía arriba.

La arrogancia

de un final lejano.

Ser impropio,

deslizándose por ventisqueros de rabia,

enarbolando algún deseo.

Conquistando la caída

con sostenida locura,

creyendo que vuela,

cuando de caer no para...

Sin nombres.

Sin una palabra que endurezca

el posible arder de la mirada.

Límites sin referencia ni espacio.

Apenas la aproximación

de un deseo.

Disparado hacia la extrema

indeterminación del disparo.

Consternado por un efecto

ambivalente.

Adormilado por los trazos

de una quieta empatía.

Caído en las garras de lo visto,

como si pudiera separarme

de mí mismo.

Anclado a un retorno

inmanejable,

olvidando el lejano futuro ya

vivido.

Estar muerto

y caminar como un vivo.

Inmortalidad incauta,

rebeldía desmedida.

Atardecer de toda esperanza.

Batalla perdida

en una paz encomillada.

Nada recuerda

haber estado despierto.

Nada promete

el sueño inalterable.

Sólo la perpetua cadencia

de una dispuesta

y constante bienvenida.

Lleno de fantasmas,

segmentado de vacío,

arrumbado de fracasos,

estoy obligado al silencio.

Anticiparse a sí mismo.

Perderse en el murmullo

de lo conocido.

Habitar en los nebulosos confines

de lo permanente.

Transformarse en risa.

Mirar asombrado

la terca inmanencia

de lo finito.

Conocerse a sí mismo.

Bailar en la oscuridad.

Alzarse sin nombre,

deslizándose en el rugido

tembloroso

de lo imposible.


Saborear el silencio de la muerte.

Invadir los espacios del abandono.

Callar toda palabra.

Omitir por principio.

Descubrir la engañosa alternancia

de tus miradas.

Aparentar una brusca empatía

con todo lo que muere,

y salvarse de improviso,

saltando a través

del ojo incauto.

No queda nada de tus besos.

Ni de tus ojos.

Ni siquiera de tus pasos.

Desgarrado de traición,

sorprendido por un sueño,

me muero en la ruina

de un desconsuelo confortable.


Llorar como un niño

la falta de tus abrazos,

y subirse a la

aparente

sutileza de los

saludos.

Bailar entumecido

por la noche,

en el estrecho sendero

de la impaciencia.

17

Nada que defender.

En este lugar extraño,

me debato entre la imprudencia

de una mirada amable,

 y la soledad de un whisky tibio.

La huida del sol

es inminente.

Aquí,

donde todo escondite

es alumbrado

por la concupiscente

gratitud de un recuerdo.

Cada mañana,

el peso de un regalo en las manos.

Retraído,

traído de vuelta...,

una vez más, otra vez menos..

Alcanzado por un disparo divino

en la bizca mirada.

Temblando, boca abajo,

listo para un nuevo destierro,

camina entre los muertos, el Retraído.

Entre palabras se mueve él...,

allá...., lejos.

Lejos..., donde los otros...,

esos que miran desde el miedo,

y se desprecian,

y se aman,

y se tocan.

Y dice algo el Retraído?

Se escucha su voz

entre los gritos desgarrados?

Alumbran sus ojos de desesperanza, otros ojos,

en la tierra de los torpes moribundos?

El Retraído

no contesta las preguntas.

Esta de pie,

con los ojos como muerto.

Alucinando el mundo de los otros.

La recurrencia insolente

de tu rostro;

epifanía irresoluta.

Aquelarre espantoso de la forma.

Vivo en un desfase ontológico

de permanencia infinita,

y consecuencias inexistentes.

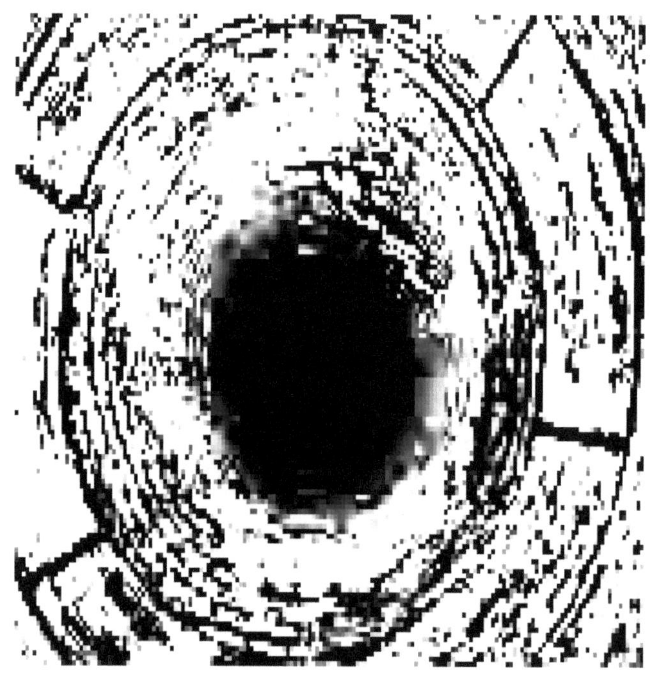

Alertado por tu cuerpo

me mantengo inconmovible,

humillando al tiempo

y a la muerte,

que ya vendrán más tarde,

cuando cierres las piernas para siempre,

a devorar mis huesos y mi alma.

La mirada perdida.

El grito ahogado por los dientes,

y la muerte,

y el enfermo "sino"

de los hiperbóreos.

Y no saber si valió la pena,

si los libros,

la muerte lenta,

la suspicacia inútil,

la matemática ofrenda del desprecio.

Y tanto amor.

Y tan poco amor.

No durar;

fantástico imprevisto

de la eternidad.

No mirarte nunca más

los ojos, la boca,

los pechos,

los dulces pies.

No temblar.

Y un deseo irrefrenable

interrumpiendo el abismo;

debacle de la razón y de la vida,

simulacro de los sentidos.

Lenguaje maldito;

callejón sanguinario,

depósito infesto

de derrumbe y  ruina.

Las palabras y las cosas;

náusea, angustia y soledad,

precipicio insalvable,

sociedad insociable.

Cuanto deseo la guerra

de todos contra todos.

Como deseo ver

la sangre de mi hermano

alimentando a mi prójimo,

permitiendo un futuro.

Volver a los instintos.

Saborear la tragedia de mi

enemigo.

Sabotear el triunfo de mis amigos.

Elevarme inalterado

sobre una montaña de muertos.

Abismos de bledo

bajo mi cama,

En mis zapatos,

en mis bolsillos,

en los huecos de los ojos,

en los largos desenfrenos.

En tu mirada sangrante.

En mi conciencia culpable.

No tengo tiempo.

Vienen los muertos.

Los que se alimentan

de mi impaciencia,

y de todo lo que los optimistas

dicen que tengo.

Hay días,

en que un simple "hola"

me convierte en un asesino en serie.

En un violador pervertido.

En un lacayo del instinto.

Castígame en efigie[1],

porque de esperar ya estoy harto.

Castígame en efigie

Porque de aburrimiento

me muero.

Y relajado[2]

me quisieran algunos.

Más solo me verán

retraído.

Esperaré

a que me salve

algún destino insalvable.

---

[1] Cuando el Tribunal Inquisitorial no tenía acceso a una persona condenable, gozaba de la alternativa de quemar al contumaz, ya fuera difunto o ausente, a través de una "Efigie" (estatua que lo representaba). Como en el caso de una persona de carne y hueso, la efigie o estatua del condenado se entregaba al brazo secular, es decir, a la justicia civil ordinaria, para que pudiera quemarla en la hoguera, cual si se tratara de un ser viviente.

[2] La relajación era la entrega a los tribunales reales de los condenados a muerte por la Inquisición española.

Se movió el suelo.

Se cayeron las casas y los rostros.


El cielo se ilumino de eléctrica muerte.

Y en un suspiro del olimpo,

devine minotauro de pasillos.

Y como un regalo,

por fin sentí algo.

Y la bestia humana,

en un torbellino de objetos,

mostró sus garras y colmillos

como un recuerdo prohibido,

como un espectro olvidado.

Y por fin supe,

a pesar de la escuela,

que no era un ser humano.

El amor es amarillo,

y tiene el sabor

de un beso en la boca.

Me pregunto si ella sabe.

Me pregunto si ella entiende.

Me pregunto si ella puede vivir,

sin una parte de su cuerpo

Atrofia de viaje es lo que tengo.

Mis piernas en cada paso se rinden.

Su rostro imperdonable amenaza

una herida sicaria inevitable.

Ya no hay orgasmos.

El universo entero se hizo llanto.

Callaron las harpías,

y robar el festín ya no pude más.

                    Entonces el Olimpo

                decretó que tus ojos de cielo

                    ya no eran míos.

## Stuprum

De estupor no quedó nada.

Sin embargo sabía que el abismo azul

de esos ojos agotaría el entusiasmo,

y el delito sería no amar

hasta el suicidio.

Saltar al abismo,

encadenarme en la antigua roca de Prometeo,

vaciar las entrañas

una y otra vez cada noche.

Solo se escribe con una herida.

Con la sangre de una herida,

escarbando la herida,

manteniendo la herida.

Provocando una herida.

Andreisea de 8 años.

Viaje a la tierra de los

los cicones, los lotófagos y los cíclopes,

tormento de sirenas y hechizos circeanos.

La inmortalidad de un beso

de Calipso,

la añoranza de un encuentro imposible.

La furia de los dioses

ante un amor escandaloso.

La dulzura de una azul mirada

que hoy reniega el viaje y la esperanza.

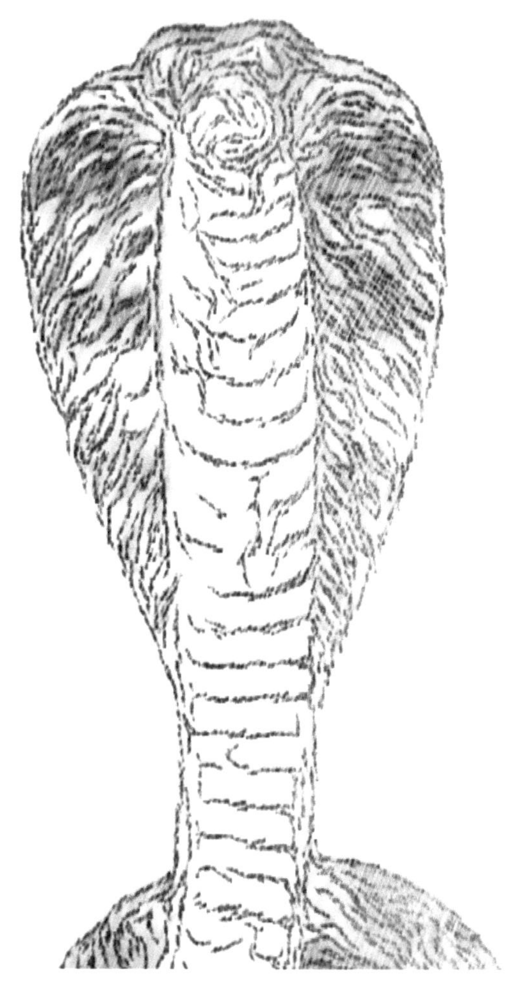

Amor y muerte.

¿qué más se puede pedir a los dioses?

Y entonces,..ahora

la muerte.

**ELIPSIS**

Me obligo a escribir.

Mis manos no quieren,

mis ojos no quieren.

Me quedo mirando

el marco de los lentes

esperando que alguien me llame,

que el calor disminuya,

que golpeen la puerta,

que algo dé contra el suelo.

Me obligo a escribir.

Y ya he leído suficiente.

Me he perdido entre suicidas

y campesinos desterrados,

entre "bowl dust"

y sobrevivientes de Auschwitz,

entre desaparecidos con rieles en el mar

y retardados mentales

y una hermana incestuosa,

y había un cura que causo una guerra.

Y llegó a ser Papa.

Y también santo.

Y escribía poemas a dios,

y tenía un amor perverso

con una monja que se llamaba

Pascualina.

Y sucede algo..

hay para comer me dicen;

Limón y jengibre.

Y me obligo a escribir.

Y me obligo a comer,

talvez para no escribir.

Dicen que ya nadie lee,

que están todos locos y vacíos,

ajusticiando lo poco que queda.

Suena el bajo de Marcus Miller

y recuerdo a la Pizarnik,

diciendo que debe

volver a leer a Proust.

Volver a Combray,

al árbol y el jardín.

La entiendo.

Proust es una trinchera

un refugio, un recreo,

una tumba.

Me obligo a escribir,

a pesar de Proust,

a pesar de Pizarnik.

Siguen siendo

segundo tras segundo,

intentos fallidos.

Elipsis forzadas,

esfuerzos inhumanos

por no seguir aquí

por cruzar y chocar,

por quebrar  y arrebatar.

Suena un saxo en la distancia.

## QUELLÓN

Los barcos inmóviles

en la bahía

chocando contra el viento,

impotentes.

Tratan de avanzar,

de no estrellarse

contra las copas

de los árboles.

**SITIO**

Completamente rodeado!

Un mono con una máquina infernal.

Me acosa hace horas

en la cama,

en el baño, en el sillón.

Otro mono

de cuerpo blanco

y cara negra

me reoja por la ventana.

Busca que desespere

y me abalance

sobre sus dientes

depreocupados

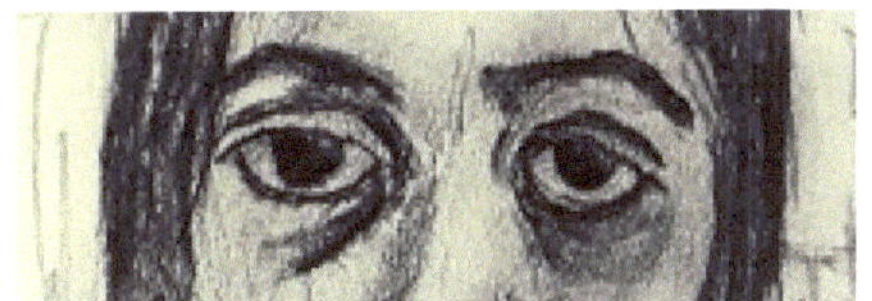

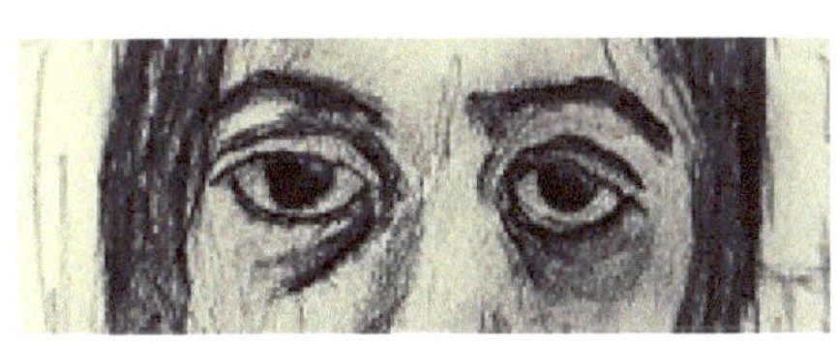

y demasiado blancos.

Abajo esperan tres más.

Esperan mis puños,

mis ojos desorbitados,

mi saliva.

Bailan sin cesar

en una mente vacía

en una existencia insoportable

bajo el sol

sin capa de ozono.

# COLIGUACHOS

Vueltas y vueltas,

ansiosos,

irrespetuosos.

Insisten en lo imposible.

Mordiendo el aire,

enceguecidos de azul y negro,

sufriendo hambre de carne roja,

de carne blanca y amarilla.

Llevados y traídos

por el viento húmedo

De mar y de sur,

Entre las nalcas eternas,

zumbando entre gritos

y maldiciones,

esperando una ofrenda,

un sacrificio que nunca llega

Si tan solo…

..una pierna, un ojo,

una espalda tersa,

una suave nalga..

Nada.

El olvido y el hambre,

y en el cansancio.

Una muerte sucia, viscosa,

ojalá instantánea.

 Ahí viene otro!!

**A NAVEGAR**

El gordo nos invita a navegar

por las frías aguas del fin del camino.

Entre islas con pingüinos que vuelan

y delfines del tercer mundo,

el gordo busca entre las caras

una sonrisa,

y una bolsa de dinero.

En la suya guarda toallinas húmedas,

protector solar

y un milcao.

El gordo nos invita a navegar

en un bote naranjo, tan pequeño

que seguramente moriremos.

Es parte del viaje -dice el gordo-

el ahogarse.

Es parte del viaje marearse, vomitar

y ponerse amarillo.

Es parte del viaje ponerse gordo,

invitar a otros a navegar

y quedarse en la orilla,

secándose el cuello con una toallita,

comiendo un milcao,

con la mente vacía

y el corazón a media máquina.

## ANHEDONIA

Trato y trato…

Trato y trago.

Trago saliva.

Y trato nuevamente.

No se ve nada.

No sale nada.

Pista vacía.

Cuatro de la mañana.

La bola cansada

escupe luces

sobre las caras feas

dispuestas en círculo.

Las luces molestas

alcanzan los ojos

drogados por el whisky.

Sigo tratando y tragando.

Galopa y galopa,

la anhedonia.

Me invade, me deja tieso.

Los ojos opacos.

Los oídos lejanos.

Las manos en puño

escondidas en los bolsillos

tocan y descubren las llaves.

Me levanto y me voy.

# ESTÉTICA

De viejo uno se empieza

a ver mal en todas partes.

Algo indica que ya es tarde,

que tu cara no combina con nada.

Que tus palabras están de más,

que tu mirada huera y agotada

incomoda, asquea.

Es un asunto de simple estética.

De viejo, todo,

la ropa manchada y sin planchar,

las zapatillas acolchadas,

los mofletes, los ojos vidriosos

el pelo de muñeca, y la piel seca,

todo huele a jubilación,

a INP, a Fonasa,

a largas filas, a Banco Estado

a plaza y palomas.

A mucho tiempo.

A tiempo perdido,

a tiempo extra.

A panza,

a pantalón sobre la panza..

Cuando viejo

todo se detiene,

el tiempo se estanca.

Se puede ser viejo muchos años.

Viejo y feo por muchos años,

soportando el peso del aire

con el alma pusilánime,

con el cuerpo en ruinas.

Viéndote mal

hagas lo que hagas.

Escondiendo el olor a orina,

a peo,

a muela podrida,

a muerte esa misma tarde.

Viéndote mal

mientras conversas,

mientras caminas,

sentado o parado,

sin hacer nada.

En esto no hay compasión.

Es un asunto de buen gusto.

De simple estética.

## JOSÉ

El ángel que vino anoche

me pidió que dejara de ser yo.

Que saliera a oler las piedras,

a sorber el mar y bizcar las nubes.

Me dijo que las risas serían mi almohada

y que mi cara,

convertida en puño y sangre

sería vertida como vino

en la copa de los dioses.

El ángel que vino anoche

me prometió el silencio,

me prometió el olvido

y la soledad.

Me prometió ser el primero de los muchos

que nunca serán rescatados

de las ruinas de la historia.

Esos que nunca serán saciados

con la venganza del tiempo.

El ángel que vino anoche

me arrebato lo imprescindible,

y me largó a un viaje de tristezas

y certezas encomilladas.

El ángel que vino anoche

me arrancó el corazón,

lo desangro entre sus manos de ángel,

y lo puso a secar

junto a una luz azul

que poco a poco

se va extinguiendo,

ahí,..en el vientre

de la mujer que amaba,

y que ahora mira

a través de mí

lejana e imposible.

## MANOS Y PIEL

Estirar  la mano, y que estés tú..

No hay entendimiento

que supere ese minúsculo interfaz,

ese paralaje incorrecto

que aborrece la lejanía

y el arte del buen gusto.

## EMPIRISMO

Engendrando dragones de fuego,

caballos alados, gigantes monstruosos,

el fondo del espíritu es delirio,

azar, indiferencia.

Y en vez de arrastrarnos

en una fantasía incestuosa,

imprecisa y perversa,

se deja merecer

por los principios,

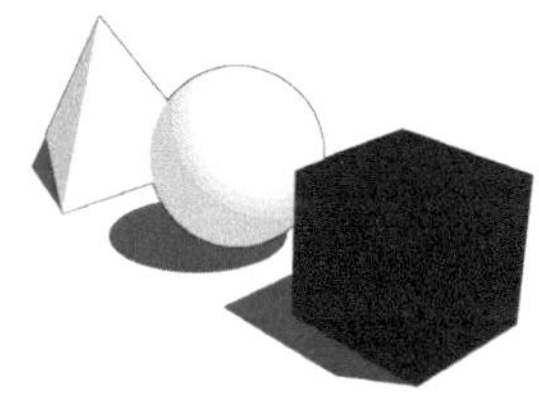

las semejanzas, y las causas.

Demasiado poco sabe el espíritu

de la venganza

que cobarde desaparece

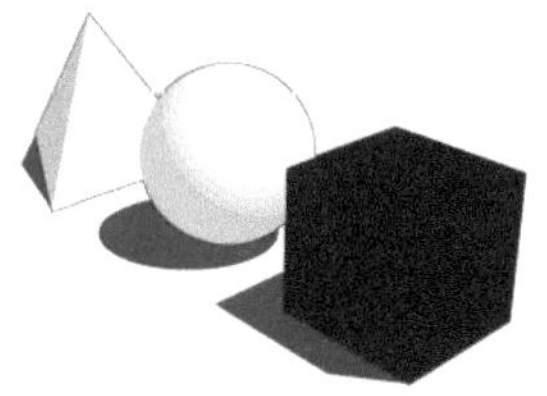

en la carne y en la sangre.

Perdido está para siempre

en el sueño lúcido de una tendencia,

De un efecto, ..de un objeto.

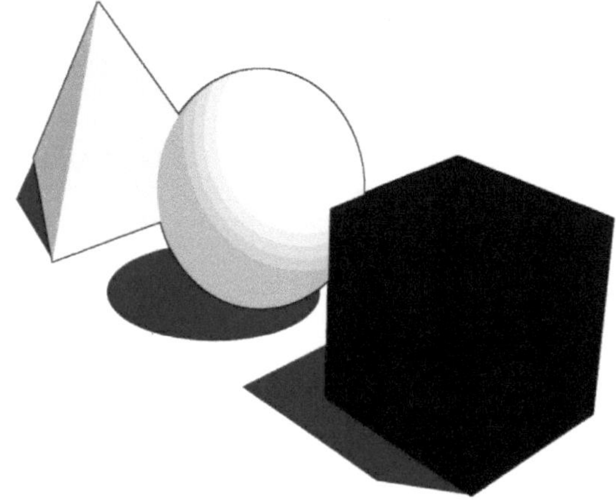

## AGUJERO NEGRO

Me encuentro a veces

en una espiral furiosa

hacia el abismo.

Cabotaje imposible

entre el deseo y la muerte.

Miradas insistentes

que retuercen mi cuerpo,

trituran mis huesos,

socaban mi alma.

Horizonte incalculable,

iniciación en el misterio.

Voluntad de vuelo lento

circundando el abandono.

Singularmente alcanzado

por la presión gravitatoria,

habito el locus infinito

de un pensamiento

y caigo en lo negro,

en lo cóncavo y lo curvo.

En lo húmedo de siglos,

en lo estrecho.

Entonces me escabullo del tiempo

Y sigo ahí.

Y desaparezco,...

Y sigo ahí...

## MARRAQUETA

De pronto

el recuerdo de una marraqueta

tibia, crujiente,

con los borde tostados,

voluptuosa de palta,

me hace llorar

por horas…

## JARMUSH

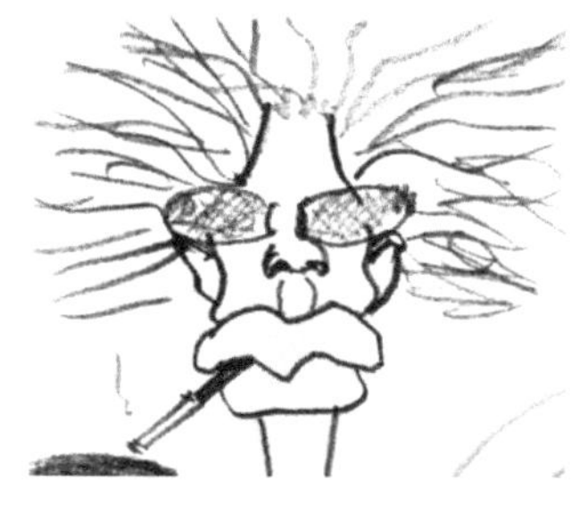

Tengo una pierna dormida

y un ojo me tintinea.

La mano no se atreve.

Los calcetines me miran

desde el suelo.

En la calle se ríen.

Es tarde,

y se rien como si fuera

mediodía.

Quiero mirar,

pero temo que estén muy cerca.

No es muy tarde.

Solo está oscuro.

## VONNEGUT

"Un hombre sin ambiciones

hace feliz a su mujer",

leí en un cuento de Vonnegut.

Seguramente Kurt pensaba

en grandes ambiciones.

De esas que solo te permiten un gato,

y algunos abrazos en la mañana.

Yo tengo la ambición

de no tener ambiciones.

¿Esa es la más pequeña o

la más grande de las ambiciones?

¿Me alcanzará para comprarle

un poco de helado a mi mujer?

**ARISTÓTELES**

Hay que estar drogado

o borracho

para hacer poesía

en un Liceo.

**FURIA**

Mientras devora a Faulkner,

su cuerpo sufre espasmos.

Se hace la sorda,

pero no puede.

Y el ribillo del ojo

tintinea en mi dirección.

Mientras vuelo,

mi reflejo se agiganta

en el agua.

**PASTEL**

Que bello es un corazón roto.

El dolor insoportable

satura de rojo y

dispara un infierno acotado.

Jugar con un corazón mutilado

es un pasaje a la eternidad.

Nada más intempestivo

que unos ojos en crisis.

Y el negro rimel

viniéndose todo abajo,

como el último pedazo

de pastel,

a las 6 de la mañana.

# PRAGA

Busqué en Praga, la noche.

Atravesé como cada zombie

el Kulüv Most.

Entre santos barrocos

y fotógrafos chinos,

más allá del reloj espacial

y mucho más allá de Kafka y Rilke,

lo insólito se confundió

con la niebla.

Y los ojos desorbitados

que mendigan un lugar en la historia,

me hablaron de su miseria,

de la brutalidad de un desayuno

a la americana.

De su obesidad de espíritu.

Me hablaron de los pies cansados

de tanto pisotear lo sublime,

de tanto saludar y despedirse

del conserje latino, turco

o del norte de Marruecos.

Cansados de añorar hasta las lágrimas

 a las suaves muñecas pragueñas,

que como personajes de comics,

con asco en la mirada, recorren

las pequeñas calles empedradas

de la antigua Bohemia.

## VACAS

En la nada.

Los dientes apretados.

Una conmoción silenciosa.

Y un viaje express al infierno,

a degustar el vino perdido,

despreciado.

Todos lo saben,

Y todos lo desprecian.

Bizquean con sospecha,

como vacas sagradas en Benares.

Prefieren andar por ahí con los monos,

Por el medio del camino.

Prefieren una muerte lenta,

Un reflejo, una repetición.

Un **No** intenso,

furioso, desgarrador.

**NO RENÉ**

La dualidad cartesiana

es antiestética y antierótica.

Sugiere un arriba,

Y un abajo...

Yo propongo

un "por debajo".

## VINO

Y puede que el vino

ya no eleve al espíritu.

Que ya no lo arrastre

a lo prohibido.

Y puede ser que el deseo

ya no sea más que el cerumen

de una vela que se apaga.

Y puede ser que tus lecturas

siempre fueron las erradas.

Y tus héroes,

sufrientes bufones.

**PIRINEOS 2055**

Transitar los mismos caminos,

rincones y cajas de zapatos.

Las mismas causas,

curvas y suaves pliegues.

Las mismas escaleras

de Penrose,

La misma concha vacía

replicando el sonido

de un mar microscópico.

No hay secretos,

sin embargo,

siempre es nuevo.

## POR SI ACASO

Por si acaso

la miro a los ojos,

le sonrío a la distancia,

y fracaso en la distancia.

Y por si acaso,

fracaso casi en todo.

Ella me mira

por si acaso.

Y me pasa a llevar el alma

por si acaso.

## ALMA

Que no hay nada

más que el cuerpo,

y sin embargo brota el alma.

Y la belleza

castiga la mirada,

y es un látigo,

un cilicio, un potro...

Y no es distinta a tu muerte.

Y se alimenta

de tu muerte.

Y se esconde

en tu muerte.

y solloza y se derrumba,

y te llora

Inalcanzable el alma.

Y se desmorona

en caderas, en ojos,

en el pelo enredado,

en la envidia del viento.

Te acaricia,

te lastima.

Cae en el tiempo

sin notar las cicatrices,

las estrías, la palidez

de su rostro.

Sin notar la muerte.

Sin notar su muerte.

**CARA**

Se me achica la cara!

Nadie lo dice,

pero se dan cuenta.

Van por ahí

con su silencio,

mientras mi mandíbula

desaparece

detrás de los labios.

Signos de lástima, de sorpresa,

de espanto.

Se me achica la cara

y me pregunto

si se achicará mi boca

hasta cerrarse?

Lo de no hablar más

no es un problema.

Pero no tener la mitad

de la cara…

Como si hubieras ido a la guerra,

contraído un cáncer.

Como si te hubiera mordido

una araña de rincón..

Ser solo un bigote

en el borde de un acantilado.

Una comisura

que lucha por no caer

desde lo alto

de un abismo incalculable.

Cuello y nariz.

Un champiñón

blando y tibio,

esperando a la sombra

de un sauce deshojado,

a la orilla

de un río de tiempo.

**PANDEMIA 1**

Y toco tu mascarilla

con la mía,

y nos fundimos

en un beso analgésico,

antiséptico, inmunológico.

Antibácteriano, antipirético,

antinflamatorio....

**PANDEMIA 2**

Coincidimos

en un par de temas

superficiales,

y de básico sentido común;

"vivir era innecesario

y morir es una tragedia".

En lo demás

estoy en un profundo

Desacuerdo

Con todos ustedes.

**PANDEMIA 3**

Salir al Parque

con máscarilla

es como bañarse

en una piscina

sin meter la cabeza.

Mejor quedarse en casa.

**PANDEMIA 14**

Cuando te pidieron

usar mascarilla,

tú ya te escondías

y te avergonzaba tu cara.


Cuando te pidieron

quedarte en tu casa,

tú veías por horas

series en el cable.

Cuando pidieron

distancia social,

tú ya no tocabas a nadie.

Y cuando te pidieron

"fiscalizar",

y ser periodista

sin sueldo,

tú ya acusabas

y traicionabas.

**PANDEMIA 15**

La distancia social,

una máscara para ocultar

tu cara fea.

Una vacuna que te salve

de una enfermedad imaginada.

Todo esto te da esperanza,

porque no la tenías.

Para nosotros,

Los que siempre tuvimos

esperanza,

y gozábamos vivir, tocar y amar,

es una tragedia

irreparable.

**PANDEMIA 90**

No me gusta ir

ni a plazas ni a parques.

La bicicleta es un juguete

que dejé a los 15.

Subir cerros,

ver la ciudad contaminada,

y después bajarlos,

con las rodillas en la mano,

con la sensación confusa

de haber hecho algo

grandioso y sin sentido.

Asceta y Narciso.

Me dejan perplejo,

asombrado, enojado.

Pasamos toda la evolución

escapando de la naturaleza

y del esfuerzo físico.

El mejor invento del ser humano

Ha sido el espíritu.

Y estos nuevos románticos,

sin héroes ni dioses,

hediondos a siglo XIX,

quieren que conviva denuevo

con insectos, bostas de vaca,

ácido láctico y alergias?

**NONES**

**REVOLUTION NOT YET**

El miedo al otro,

el conformismo egoísta,

y la ignorancia voluntaria van,

poco a poco,

destruyendo las posibilidades

de una revolución...

Viva la Revolución!

**Todos moriremos de Covid**

Muerte por tuberculosis = Muerte por Covid

Muerte por neumonía = Muerte por Covid

Muerte por cáncer  = Muerte por Covid

Muerte por infarto = Muerte por Covid

Muerte por cirrosis = Muerte por Covid


Muerte por accidente de auto = Muerte por Covid

Muerte de viejo = Muerte por Covid

Muerte de muy viejo = Muerte por Covid

Muerte por sobredosis = Muerte por Covid


Muerte por aburrimiento = Muerte por Covid

Muerte por suicidio = Muerte por Covid

Muerte por picadura de araña de rincón = Muerte por Covid

Muerte por pena de amor = Muerte por Covid

Muerte por soledad = Muerte por Covid

Muerte por capitalismo = Muerte por Covid

Muerte de inanición por el capitalismo = Muerte por Covid

Muerte por miedo al Covid = Muerte por Covid


Muerte por leer a Coelho = Muerte por Covid

Muerte por ver televisión abierta = Muerte por Covid

Muerte por ver teletrece = Muerte por Covid

Muerte por ver matinales = Muerte por Covid

Muerte por reunión por zoom = Muerte por Covid


Muerte por hipoxia de mascarilla = Muerte por Covid

Muerte por mascarilla hedionda a caca = Muerte por Covid


**Muerte por la vacuna para el Covid = Muerte indeterminada.**

Yo uso la mascarilla

en las orejas.

Por ahí se enferma el alma.